CHIMAMANDA NGOZI ADICHIE

SEJAMOS TODOS FEMINISTAS

VERSÃO ADAPTADA PARA JOVENS

ILUSTRAÇÕES DE AJU PARAGUASSU

TRADUÇÃO DE CHRISTINA BAUM

Companhia das Letrinhas

Grafia atualizada segundo o Acordo Ortográfico da Língua Portuguesa de 1990, que entrou em vigor no Brasil em 2009.

Projeto gráfico: MORINGA ESTÚDIO

Título original: *WE SHOULD ALL BE FEMINISTS*

Glossário: MAITÊ FREITAS

Revisão: ANDRESSA BEZERRA CORRÊA, MARINA NOGUEIRA, ADRIANA MOREIRA PEDRO e THAÍS TOTINO RICHTER

Tratamento de imagem: AMÉRICO FREIRIA

Ilustração da pág. 76 baseada na foto de CHRIS FLOYD

Dados Internacionais de Catalogação na Publicação (CIP)
(Câmara Brasileira do Livro, SP, Brasil)

Adichie, Chimamanda Ngozi
Sejamos todos feministas: versão adaptada para jovens / Chimamanda Ngozi Adichie ; tradução de Christina Baum ; [projeto gráfico de Aju Paraguassu]. — 1ª ed. — São Paulo : Companhia das Letrinhas, 2021.

Título original: We Should All Be Feminists.
ISBN 978-85-7406-891-6

1. Feminismo I. Baum, Christina II. Título.

20-51735 CDD-305.42

Índice para catálogo sistemático:
1. Feminismo : Sociologia 305.42

Cibele Maria Dias — Bibliotecária — CRB-8/9427

1ª reimpressão

2022

Todos os direitos desta edição reservados à
EDITORA SCHWARCZ S.A.
Rua Bandeira Paulista, 702, cj. 32
04532-002 — São Paulo — SP — Brasil
(11) 3707-3500
www.companhiadasletrinhas.com.br
www.blogdaletrinhas.com.br
/companhiadasletrinhas
@companhiadasletrinhas
/canalLetrinhaZ

SUMÁRIO

O FEMINISMO NOSSO DE TODOS OS DIAS

por Maitê Freitas

Você já parou para pensar na divisão de tarefas da sua casa? Quem lava, quem cozinha, quem passa, quem organiza e gerencia as necessidades do lar?

Você já se perguntou o motivo de algumas funções serem exercidas sempre por mulheres e outras sempre por homens? Por que a maioria dos governantes, donos de empresas e quem toma as decisões no mundo são, na maior parte das vezes, homens?

Por vivermos em uma sociedade machista, dificilmente nos fazemos essas e outras perguntas, como, por exemplo, por que as mulheres temem andar na rua à noite ou vestir uma roupa justa e/ou curta; ou por que os garçons sempre trazem a conta para os homens, ignorando o fato de que mulheres têm autonomia e independência financeira.

Em *Sejamos todos feministas*, Chimamanda nos convida a pensar em todas essas questões e nos mostra como o feminismo pode nos ajudar a construir um mundo melhor, mais saudável e menos violento principalmente para as mulheres, mas também para todos os demais, incluindo os homens!

Você certamente sairá dessa leitura com muitas dúvidas e incômodos. Mas falar sobre machismo e olhar as experiências violentas do nosso cotidiano é urgente, e essa reflexão pode promover revoluções em nosso modo de estar no mundo.

Se a partir de agora, a cada dia, você começar a localizar e se opor às práticas machistas, você estará sendo um ser feminista.

O feminismo é para todas e todos, e pode estar tanto nos detalhes do dia a dia quanto nos grandes movimentos que buscam igualdade de direitos e de acessos. A luta das mulheres é uma luta de todos, então bem-vinda e bem-vindo!

Sejamos
todos feministas

Okoloma era um dos meus melhores amigos de infância. Morávamos na mesma rua e ele cuidava de mim como um irmão mais velho: quando eu gostava de um garoto, pedia a opinião dele. Engraçado e inteligente, usava uma bota de caubói de bico pontudo. Em dezembro de 2005, ele morreu num acidente de avião, no sudoeste da Nigéria. Até hoje não sei expressar o que senti. Era uma pessoa com quem eu podia discutir, rir e ter conversas sinceras. E também foi o primeiro a me chamar de feminista.

Eu tinha catorze anos. Um dia, na casa dele, discutíamos — metralhávamos opiniões imaturas sobre livros que havíamos lido. Não lembro exatamente o teor da conversa. Mas eu estava no meio de uma argumentação quando Okoloma olhou para mim e disse:

"SABE DE UMA COISA?

VOCÊ É FEMINISTA!".

Não era um elogio. Percebi pelo tom da voz dele.

Não sabia o que a palavra "feminista" significava. E não queria que Okoloma soubesse que eu não sabia. Então disfarcei e continuei argumentando. A primeira coisa que faria ao chegar em casa seria procurar a palavra no dicionário.

Em 2003, escrevi um romance chamado *Hibisco roxo*. Enquanto eu divulgava o livro na Nigéria, um jornalista, um homem bem-intencionado, veio me dar um conselho (talvez vocês saibam que nigerianos estão sempre prontos a dar "conselhos" que ninguém pediu).

Ele comentou que as pessoas estavam dizendo que meu livro era feminista. Seu conselho — disse, balançando a cabeça com um ar consternado — era que eu nunca, nunca me intitulasse feminista, já que as feministas são mulheres infelizes que não conseguem arranjar marido.

ENTÃO DECIDI ME DEFINIR COMO "FEMINISTA FELIZ".

Mais tarde, uma professora universitária nigeriana veio me dizer que o feminismo não fazia parte da nossa cultura, que era antiafricano e que, se eu me considerava feminista, era porque havia sido corrompida pelos livros ocidentais (o que achei engraçado, porque passei boa parte da juventude devorando romances que não eram nada feministas: devo ter lido toda a coleção água com açúcar publicada pela Mills & Boon antes dos dezesseis anos. E, toda vez que tentava ler os tais livros clássicos sobre feminismo, ficava entediada e mal conseguia terminar). De qualquer forma, já que o feminismo era antiafricano, resolvi me considerar "feminista feliz e africana". Depois, uma grande amiga me disse que, se eu era feminista, então devia odiar os homens. Decidi me tornar uma "feminista feliz e africana que não odeia homens, e que gosta de usar batom e salto alto para si mesma, e não para os homens".

É claro que não estou falando sério, só queria ilustrar como a palavra "feminista" tem um peso negativo: a feminista odeia os homens, odeia sutiã, odeia a cultura africana, acha que as mulheres devem mandar nos homens; ela não se pinta, não se depila, está sempre zangada, não tem senso de humor, não usa desodorante.

Quando eu estava no primário, em Nsukka, uma cidade universitária no sudeste da Nigéria, no começo do ano letivo a professora anunciou que iria dar uma prova e quem tirasse a nota mais alta seria o monitor da classe. Ser monitor era muito importante. Ele podia anotar, diariamente, o nome dos colegas baderneiros, o que por si só já era ter um poder enorme; além disso, ele podia circular pela sala empunhando uma vara, patrulhando a turma do fundão. É claro que o monitor não podia usar a vara. Mas era uma ideia empolgante para uma criança de nove anos, como eu. Eu queria muito ser a monitora da minha classe. E tirei a nota mais alta.

Mas, para minha surpresa, a professora disse que o monitor seria um menino. Ela havia se esquecido de esclarecer esse ponto, achou que fosse óbvio. Um garoto tirou a segunda nota mais alta. *Ele* seria o monitor. O mais interessante é que o menino era uma alma bondosa e doce, que não tinha o menor interesse em vigiar a classe com uma vara. Que era exatamente o que *eu* almejava. Mas eu era menina e ele, menino, e ele foi escolhido. Nunca me esqueci desse episódio.

SE REPETIMOS UMA COISA VÁRIAS VEZES, ELA SE TORNA NORMAL.

Se vemos uma coisa com frequência, ela se torna normal. Se só os meninos são escolhidos como monitores da classe, então em algum momento nós todos vamos achar, mesmo que inconscientemente, que só um menino pode ser o monitor da classe. Se só os homens ocupam cargos de chefia nas empresas, começamos a achar "normal" que esses cargos de chefia só sejam ocupados por homens.

Eu tendo a cometer o erro de achar que uma coisa óbvia para mim também é óbvia para todo mundo. Um dia estava conversando com meu querido amigo Louis, que é um homem brilhante e progressista, e ele me disse: "Não entendo quando você diz que as coisas são diferentes e mais difíceis para as mulheres. Talvez fosse verdade no passado, mas não é mais. Hoje as mulheres têm tudo o que querem". Oi? Como o Louis não enxergava o que para mim era tão óbvio?

Adoro voltar para a minha casa na Nigéria, e passo a maior parte do tempo em Lagos, uma das maiores cidades e o grande centro comercial do país. Às vezes, à noite, quando não está tão quente e o ritmo da cidade desacelera, saio com amigos ou a família e vamos a restaurantes e cafés. Numa dessas ocasiões, Louis e eu saímos com uns amigos.

Em Lagos, alguns jovens costumam ficar na porta dos estabelecimentos e "ajudar" as pessoas a estacionar o carro. Lagos é uma metrópole com quase vinte milhões de habitantes, com mais energia do que Londres,

com um espírito mais empreendedor do que Nova York, e, portanto, as pessoas estão sempre inventando maneiras de ganhar a vida. Como na maioria das grandes cidades, é difícil encontrar uma vaga para estacionar à noite, então esses caras se viram como podem. Mesmo quando não há nenhuma vaga disponível, eles manobram o carro e, com gestos largos e teatrais, prometem tomar conta do veículo até você voltar. Impressionada com o empenho do sujeito que descolou uma vaga para nós naquela noite, decidi lhe dar uma gorjeta. Abri a bolsa, peguei o dinheiro e lhe dei. E ele, feliz e grato, pegou o meu dinheiro, olhou para o meu amigo e disse: "Muito obrigado, senhor!". Surpreso, Louis me perguntou: "Por que ele está me agradecendo? Não fui eu quem deu o dinheiro".

Percebi então, pela expressão de meu amigo, que a ficha tinha caído. Para o flanelinha, qualquer dinheiro que eu pudesse ter certamente provinha de Louis. Porque Louis é homem.

Homens e mulheres são diferentes. Temos hormônios em quantidades diferentes, órgãos sexuais diferentes e atributos biológicos diferentes — as mulheres podem ter filhos, os homens não. Os homens têm mais testosterona e em geral são fisicamente mais fortes do que as mulheres (com algumas exceções!).

EXISTEM MAIS MULHERES DO QUE HOMENS NO MUNDO, MAS OS CARGOS DE PODER E PRESTÍGIO SÃO OCUPADOS PELOS HOMENS.

A já falecida nigeriana Wangari Maathai, ganhadora do prêmio Nobel da paz, se expressou muito bem e em poucas palavras quando disse que, quanto mais perto do topo chegamos, menos mulheres encontramos.

WANGARI
MAATHAI

Na eleição de 2016 dos Estados Unidos, ouvimos, com frequência, falar da lei Lilly Ledbetter, que visa à equiparação salarial das mulheres. Se formos além do nome bonito e aliterativo, o significado é o seguinte: nos EUA, quando um homem e uma mulher têm o mesmo emprego, com as mesmas qualificações, se o homem ganha mais é porque ele é homem.

Então, de uma forma literal, os homens governam o mundo. Isso fazia sentido há mil anos. Os seres humanos viviam num mundo onde a força física era o atributo mais importante para a sobrevivência; quanto mais forte a pessoa, mais chances ela tinha de liderar. E os homens, de uma maneira geral, são fisicamente mais fortes. Hoje, vivemos num mundo completamente diferente.

A PESSOA MAIS QUALIFICADA PARA LIDERAR **NÃO É** A PESSOA FISICAMENTE MAIS FORTE.

É a mais inteligente, a mais culta, a mais criativa, a mais inovadora. E não existem hormônios para esses atributos. Tanto um homem como uma mulher podem ser inteligentes, inovadores, criativos. Nós evoluímos. Mas nossas ideias de gênero ainda deixam a desejar.

Em Lagos, não posso ir sozinha a muitos bares e casas respeitáveis. Mulher desacompanhada não entra. É preciso estar com um homem. Amigos meus, homens, costumam ir a baladas e acabam entrando de braço dado com mulheres desconhecidas — a uma mulher desacompanhada só resta pedir "ajuda" para entrar no recinto.

Sempre que vou acompanhada a um restaurante nigeriano, o garçom cumprimenta o homem e me

ignora. Os garçons são produto de uma sociedade onde se aprende que os homens são mais importantes do que as mulheres, e sei que eles não fazem por mal — mas há um abismo entre entender uma coisa racionalmente e entender a mesma coisa emocionalmente. Toda vez que eles me ignoram, eu me sinto invisível. Fico chateada. Quero dizer a eles que sou tão humana quanto um homem, e digna de ser cumprimentada. Sei que são detalhes, mas às vezes são os detalhes que mais incomodam.

Não faz muito tempo, escrevi um artigo sobre o que significa ser uma jovem mulher em Lagos. Um conhecido disse que havia muita raiva no texto, que eu não deveria ter me expressado com tanta raiva. Mas eu não via razão para me desculpar. É claro que eu estava com raiva. A questão de gênero, como está estabelecida hoje em dia, é uma grande injustiça. Estou com raiva. Devemos ter raiva. Ao longo da história, muitas mudanças positivas só aconteceram por causa da raiva.

ALÉM DA RAIVA, TAMBÉM TENHO ESPERANÇA, PORQUE ACREDITO PROFUNDAMENTE NA CAPACIDADE DE OS SERES HUMANOS EVOLUÍREM.

Percebi cautela no tom do sujeito, e sabia que seu comentário sobre a minha raiva tinha a ver não só

com o artigo, mas também com minha personalidade. "A raiva", o tom dele dizia, "não cai bem em mulheres." Uma mulher não deve expressar raiva, porque a raiva ameaça. Tenho uma amiga americana que substituiu um homem num cargo de gerência. Seu predecessor era considerado um "cara durão", que conseguia tudo; era grosseiro, agressivo e rigoroso quanto à folha de ponto. Ela assumiu o cargo, e se imaginava tão dura quanto o chefe anterior, mas talvez um pouco mais generosa — ao contrário dela, ele nem sempre lembrava que as pessoas tinham família. Em poucas semanas no emprego, ela puniu um empregado por ter falsificado a folha de ponto — exatamente como seu predecessor teria feito. O empregado reclamou com o gerente sênior, dizendo que ela era agressiva e difícil. Os outros funcionários concordaram. Um deles, inclusive, disse que tinha achado que ela traria um "toque feminino" ao ambiente de trabalho, mas que isso não acontecera. Não ocorreu a ninguém que ela estava fazendo a mesma coisa pela qual um homem teria recebido elogios.

Outra amiga minha, também americana, trabalha com publicidade e tem um belo salário. Só há duas mulheres em sua equipe: ela e uma outra. Certa vez, numa reunião, ela disse que se sentira menosprezada por sua chefe, que havia ignorado seus comentários e elogiara um dos homens que havia emitido uma opinião parecida com a dela. Ela queria se posicionar e enfrentar a chefe, mas ficou quieta. Depois da reunião, foi chorar no banheiro e me ligou para desabafar. Ela não disse o que pensava para não parecer agressiva. Deixou o ressentimento ferver em banho-maria.

O que me impressiona — em relação a ela e a várias outras amigas americanas — é o quanto essas mulheres investem em ser "queridas", como foram criadas para acreditar que ser benquista é muito importante. E isso não inclui demonstrar raiva ou ser agressiva, tampouco discordar.

Perdemos muito tempo ensinando as meninas a se preocuparem com o que os meninos pensam delas. Mas o oposto não acontece. Não ensinamos os meninos a se preocuparem em ser "benquistos". Se, por um lado, perdemos muito tempo dizendo às meninas que elas não podem sentir raiva ou ser agressivas ou duras, por outro, elogiamos ou perdoamos os meninos pelas mesmas razões. Em todos os lugares do mundo, existem milhares de artigos e livros ensinando o que as mulheres devem fazer, como devem ou não devem ser para atrair e agradar os homens. Livros sobre como os homens devem agradar as mulheres são poucos.

Dou uma oficina de escrita em Lagos, e uma das jovens que participa do grupo me disse que um amigo lhe havia prevenido de não prestar atenção no meu "discurso feminista" — sob pena de absorver ideias que destruiriam seu casamento. Essa é uma ameaça — a destruição de um casamento, a possibilidade de acabar não se casando — levantada contra as mulheres na nossa sociedade com uma frequência muito maior do que contra os homens.

A questão de gênero é importante em qualquer canto do mundo.

É IMPORTANTE QUE COMECEMOS A PLANEJAR E A SONHAR COM UM MUNDO DIFERENTE.

Um mundo mais justo. Um mundo de homens mais felizes e mulheres mais felizes, mais autênticos consigo mesmos. E é assim que devemos começar: precisamos criar nossas filhas de uma maneira diferente. Também precisamos criar nossos filhos de uma maneira diferente.

O modo como criamos nossos filhos homens é nocivo: nossa definição de masculinidade é *muito* estreita. Abafamos a humanidade que existe nos meninos, enclausurando-os numa jaula pequena e resistente. Ensinamos que eles não podem ter medo, não podem ser fracos ou se mostrar vulneráveis, que precisam esconder quem realmente são — porque eles têm que ser, como se diz na Nigéria, *homens duros*.

No ensino médio, quando um garoto e uma garota saem juntos, o único dinheiro de que dispõem é uma pequena mesada. Mesmo assim, espera-se que *ele* pague a conta, sempre, para provar sua masculinidade.

E SE TANTO OS MENINOS QUANTO AS MENINAS FOSSEM CRIADOS DE MODO A *NÃO* MAIS VINCULAR A MASCULINIDADE AO DINHEIRO?

E se, em vez de "o menino tem que pagar", a postura fosse "quem tem mais paga"? É claro que, por uma questão histórica, em geral é o homem quem tem mais dinheiro. No entanto, se começarmos a criar nossos filhos de outra maneira, daqui a cinquenta, cem anos, eles não serão pressionados a provar sua masculinidade por meio de bens materiais.

Mas o pior é que, quando os pressionamos a agir como durões, nós os deixamos com o ego muito frágil. Quanto mais duro um homem acha que deve ser, mais fraco será seu ego. E criamos as meninas de uma maneira bastante perniciosa, porque as ensinamos a cuidar do ego frágil do sexo masculino. Ensinamos as meninas a se encolher, a se diminuir, dizendo-lhes: "Você pode ter ambição, mas não muita. Deve almejar o sucesso, mas não muito. Senão você ameaça o homem. Se você é a provedora da família, finja que não é, sobretudo em público. Senão você estará emasculando o homem". Por que, então, não questionar essa premissa? Por que o sucesso da mulher ameaça o homem? Bastaria descartar a palavra — e não sei se existe outra palavra de que eu desgoste tanto — "emasculação".

Uma vez, um nigeriano conhecido meu me perguntou se não me incomodava o fato de os homens se sentirem intimidados comigo. Eu não me preocupo nem um pouco — nunca havia me passado pela cabeça que isso fosse um problema, porque o homem que se sente intimidado por mim é exatamente o tipo de homem por quem não me interesso. Mesmo assim, fiquei surpresa. Já que pertenço

ao sexo feminino, espera-se que almeje me casar. Espera-se que faça minhas escolhas levando em conta que o casamento é a coisa mais importante do mundo. O casamento pode ser bom, uma fonte de felicidade, amor e apoio mútuo. Mas por que ensinamos as meninas a aspirar ao casamento, mas não fazemos o mesmo com os meninos?

Uma nigeriana conhecida minha decidiu vender sua casa para não intimidar o homem que eventualmente quisesse se casar com ela. Conheço uma outra, também solteira, que em congressos usa uma aliança de casamento porque quer "ser respeitada" pelos colegas — segundo ela, a ausência do anel a torna desprezível. E isso num ambiente moderno de trabalho. Há moças que, de tão pressionadas pela família, pelos amigos, e até mesmo pelo trabalho, acabam fazendo péssimas escolhas. Em nossa sociedade, a mulher de certa idade que ainda não se casou se enxerga como uma fracassada. Já o homem, se permanece solteiro, é porque não teve tempo de fazer sua escolha.

FALAR É FÁCIL, EU SEI, MAS AS MULHERES SÓ PRECISAM APRENDER A DIZER "NÃO" A TUDO ISSO.

A realidade, porém, é mais difícil, mais complexa. Somos seres sociais, afinal de contas, e internalizamos as ideias através da socialização. Até mesmo a linguagem que empregamos dentro do casamento é reveladora: frequentemente é uma linguagem de posse, não de parceria. Pensamos na palavra "respeito" como um sentimento que a mulher deve ao homem, mas raramente o inverso. Tanto o homem quanto a mulher dizem: "Eu fiz isso porque queria paz no meu casamento". Mas quando os homens dizem isso, em geral se referem a algo que eles não deveriam mesmo fazer. É como eles se justificam para os amigos, e no fim das contas isso serve para comprovar a sua masculinidade — "Minha mulher disse que não posso sair todas as noites, então daqui pra frente, pra ter paz no meu casamento, só vou sair aos finais de semana". Quando as mulheres dizem que tomaram determinada atitude para "ter paz no casamento", é porque em geral desistiram de um emprego, de um passo na carreira, de um sonho.

Ensinamos que, nos relacionamentos, é a mulher quem deve abrir mão das coisas. Criamos nossas filhas para enxergar as outras mulheres como rivais — não em questões de emprego ou realizações, o que, na minha opinião, poderia até ser bom —, mas como rivais da atenção masculina. Ensinamos as meninas que elas não podem agir como seres sexuais, do modo como agem os meninos. Se temos filhos homens, não nos importamos em saber sobre suas namoradas. Mas e os namorados das nossas filhas? Deus me livre! (Mas obviamente esperamos que elas tragam pra casa o homem perfeito para casar, na hora certa.) Nós policiamos nossas meninas. Elogiamos a virgindade delas, mas não a dos meninos (e me pergunto como isso pode funcionar, já que a perda da virgindade é um processo que normalmente envolve duas pessoas).

Ensinamos as meninas a sentir vergonha. "Fecha as pernas, olha o decote." Nós as fazemos sentir vergonha da condição feminina, elas já nascem culpadas. Elas crescem e se transformam em mulheres que não podem externar seus desejos. Elas se calam, não podem dizer o que realmente pensam, fazem do fingimento uma arte. Conheço uma mulher que odiava tarefas domésticas, mas fingia que não, já que fora ensinada a ser "caseira", como "uma boa esposa" tem de ser. Finalmente ela se casou. E a família do marido começou a reclamar quando seu comportamento mudou. Ora, na verdade, ela não mudou. Ela apenas se cansou de fingir ser o que não era.

O problema da questão de gênero é que ela prescreve como devemos ser em vez de reconhecer como somos.

SERÍAMOS BEM MAIS FELIZES, MAIS LIVRES PARA SERMOS QUEM REALMENTE SOMOS, SE NÃO TIVÉSSEMOS O PESO DAS EXPECTATIVAS DE GÊNERO.

Meninos e meninas são inegavelmente diferentes em termos biológicos, mas a socialização exagera essas diferenças. E isso implica na autorrealização de cada um. O ato de cozinhar, por exemplo. Ainda hoje, as mulheres tendem a fazer mais tarefas de casa do

que os homens — elas cozinham e limpam a casa. Mas por que é assim? Será que elas nascem com um gene a mais para cozinhar ou será que, ao longo do tempo, elas foram condicionadas a entender que seu papel é cozinhar? Cheguei a pensar que talvez as mulheres de fato houvessem nascido com o tal gene, mas aí lembrei que os cozinheiros mais famosos do mundo — que recebem o título pomposo de "chef" — são, em sua maioria, homens.

Costumava observar minha avó, uma mulher brilhante, e ficava imaginando o que ela poderia ter sido se durante a juventude tivesse tido as mesmas oportunidades que os homens. Hoje, diferente do que acontecia na sua época, há mais oportunidades para as mulheres — houve mudanças nas políticas e na lei, que foram muito importantes.

Mas o que realmente conta é a nossa postura, a nossa mentalidade.

E SE CRIÁSSEMOS NOSSAS CRIANÇAS RESSALTANDO SEUS TALENTOS, E NÃO SEU GÊNERO?

E SE FOCÁSSEMOS EM SEUS INTERESSES, SEM CONSIDERAR O GÊNERO?

Conheço uma família que tem um filho e uma filha, com um ano de diferença, ambos alunos brilhantes. Quando o menino está com fome, os pais mandam a garota preparar um macarrão instantâneo para o irmão. Ela não gosta de cozinhar macarrão instantâneo, mas como é menina, tem que obedecer. E se os pais, desde o início, tivessem ensinado ambos os filhos a cozinhar macarrão instantâneo? Aliás, aprender a cozinhar é bom para a vida prática e útil de um menino — nunca vi sentido em deixar nas mãos de terceiros uma coisa tão crucial como a capacidade de se nutrir.

Conheço uma mulher que tem o mesmo diploma e o mesmo emprego que o marido. Quando eles chegam em casa do trabalho, a ela cabe a maior parte das tarefas domésticas, como ocorre em muitos casamentos. Mas o que me surpreende é que sempre que ele troca a fralda do bebê ela fica *agradecida*. Por que ela não se dá conta de que é normal e natural que ele ajude a cuidar do filho?

Estou tentando desaprender várias lições que internalizei durante a minha formação, mas às vezes ainda me sinto vulnerável quando me deparo com expectativas de gênero. Na primeira aula de escrita para uma turma de pós-graduação, fiquei apreensiva. Não com o conteúdo do curso, já que estava bem preparada e gosto da matéria. Estava preocupada com o que vestir. Eu queria ser levada a sério. Sabia que, por ser mulher, eu automaticamente teria que *demonstrar* minha capacidade. E estava com medo de parecer feminina demais, e não ser levada a sério. Queria passar batom e usar uma saia bem feminina, mas desisti da ideia. Escolhi um terninho careta, bem masculino, e feio.

A verdade é que, quando se trata de aparência, nosso paradigma é masculino. Muitos acreditam que quanto menos feminina for a aparência de uma mulher, mais chances ela terá de ser ouvida. Quando um homem vai a uma reunião de negócios, não lhe passa pela cabeça se será levado a sério ou não dependendo da roupa que vestir — mas a mulher pondera. Eu não queria ter usado aquele conjunto feioso. Se tivesse a autoconfiança que tenho hoje, meus alunos teriam aproveitado ainda mais minhas aulas. Porque eu estaria mais confortável na minha própria pele e seria mais verdadeira comigo mesma.

Decidi parar de me desculpar por ser feminina. E quero ser respeitada por minha feminilidade. Porque eu mereço. Gosto de política e história, e adoro uma conversa boa, produtiva. Sou feminina. Sou feliz por ser feminina. Gosto de salto alto e de variar os batons. É bom receber elogios, seja de homens, seja de mulheres (cá entre nós, prefiro ser elogiada por mulheres elegantes). Com frequência uso roupas que os homens não gostam ou não "entendem". Uso essas roupas porque me sinto bem nelas. O "olhar masculino", como determinante das escolhas da minha vida, não me interessa.

Não é fácil conversar sobre a questão de gênero. As pessoas se sentem desconfortáveis, às vezes até irritadas. Tanto os homens como as mulheres não gostam de falar sobre o assunto, contornam rapidamente o problema. Porque a ideia de mudar o statu quo é sempre penosa.

Algumas pessoas me perguntam: "Por que usar a palavra 'feminista'? Por que não dizer que você acredita nos direitos humanos, ou algo parecido?". Porque seria desonesto. O feminismo faz, obviamente, parte dos direitos humanos de uma forma geral — mas escolher uma expressão vaga como "direitos humanos" é negar a especificidade e particularidade do problema de gênero. Seria uma maneira de fingir que as mulheres não foram excluídas ao longo dos séculos. Seria negar que a questão de gênero tem como alvo as mulheres. Que o problema não é ser humano, mas especificamente um ser humano do sexo feminino.

POR SÉCULOS, OS SERES HUMANOS FORAM DIVIDIDOS EM DOIS GRUPOS, UM DOS QUAIS EXCLUÍA E OPRIMIA O OUTRO. É NO MÍNIMO JUSTO QUE A SOLUÇÃO PARA ESSE PROBLEMA ESTEJA NO RECONHECIMENTO DESSE FATO.

Alguns homens se sentem ameaçados pela ideia de feminismo. Acredito que essa ameaça tenha origem na insegurança que eles sentem. Como foram criados de um determinado modo, quando não estiverem "naturalmente" dominando, como homens, a situação, sentirão a autoestima diminuída. Outros talvez enfrentem a palavra "feminismo" da seguinte maneira: "Tudo bem, isso é interessante, mas não é meu modo de pensar. Aliás, eu nem sequer penso na questão de gênero".

Talvez não pensem mesmo. E isso é parte do problema: os homens não pensam na questão do gênero, nem notam que ela existe. Muitos homens, como meu amigo Louis, dizem que as coisas eram ruins no passado, mas que agora está tudo bem. Muitos não fazem nada para mudar a situação das coisas. Quando um sujeito entra num restaurante

e o garçom o cumprimenta, será que não passa pela cabeça dele perguntar por que o garçom não cumprimentou sua acompanhante? Os homens precisam se manifestar em todas essas pequenas situações.

Como a questão de gênero incomoda, as pessoas recorrem a vários argumentos para cortar a conversa. Algumas lançam mão da biologia evolutiva dos macacos, lembrando como as fêmeas, por exemplo, se curvam perante os machos. Mas a questão é a seguinte: nós não somos macacos. Macacos vivem em árvores e comem minhocas. Nós, não.

Algumas pessoas dirão: "Bem, os homens, coitados, também sofreram". E sofrem até hoje. Mas não é disso que estamos falando.

GÊNERO E CLASSE SÃO COISAS DISTINTAS. UM HOMEM POBRE AINDA TEM OS PRIVILÉGIOS DE SER HOMEM, MESMO QUE NÃO TENHA O PRIVILÉGIO DA RIQUEZA.

Conversando com homens negros, aprendi muito sobre os vários sistemas de opressão e sobre como eles podem não reconhecer uns aos outros. Uma vez eu estava falando sobre a questão de gênero e um homem me perguntou por que eu me via como uma mulher e não como um ser humano. É o tipo de pergunta que funciona para silenciar a experiência específica de uma pessoa. Lógico que sou um ser humano, mas há questões particulares que acontecem comigo no mundo porque sou mulher.

Esse mesmo homem, a propósito, com frequência falava da sua experiência como homem negro. (E eu deveria ter respondido: "Por que você não fala das suas experiências como um homem ou um ser humano? Por que tem que ser como um homem negro?".)

Então, sinto muito, essa conversa é sobre gênero.

Tem gente que diz que a mulher é subordinada ao homem porque isso faz parte da nossa cultura. Mas a cultura está sempre em transformação. Tenho duas sobrinhas gêmeas e lindas de quinze anos. Se tivessem nascido há cem anos, teriam sido assassinadas: há cem anos, a cultura Igbo considerava o nascimento de gêmeos um mau presságio. Hoje essa prática é impensável para nós.

Para que serve a cultura? A cultura funciona, afinal de contas, para preservar e dar continuidade a um povo. Na minha família, eu sou a filha que mais se interessa pela história de quem somos, nossas terras ancestrais, nossas tradições. Meus irmãos não têm tanto interesse nisso. Mas não posso ter voz ativa, porque a cultura Igbo favorece os homens e só eles podem participar das reuniões em que as decisões familiares mais importantes são tomadas. Então, apesar de ser a pessoa mais ligada a esses assuntos, não posso frequentar as reuniões. Não tenho direito a voz. Porque sou mulher.

A CULTURA NÃO FAZ AS PESSOAS.

AS PESSOAS FAZEM A CULTURA.

Se uma humanidade inteira de mulheres não faz parte da nossa cultura, então temos que mudar nossa cultura.

Penso com frequência no meu amigo Okoloma. Espero que ele e os outros que morreram na queda do avião descansem em paz. Ele sempre será lembrado por aqueles que o amavam. Ele tinha razão, anos atrás, ao me chamar de feminista. Eu sou feminista. Naquele dia, quando cheguei em casa e procurei a palavra no dicionário, foi este o significado que encontrei:

"FEMINISTA:
UMA PESSOA QUE ACREDITA NA IGUALDADE SOCIAL, POLÍTICA E ECONÔMICA ENTRE OS SEXOS".

Minha bisavó, pelas histórias que ouvi, era feminista. Ela fugiu da casa do sujeito com quem não queria se casar e se casou com o homem que escolheu. Ela resistiu, protestou, falou alto quando se viu privada de espaço e acesso por ser do sexo feminino. Ela não conhecia a palavra "feminista". Mas nem por isso ela não era uma. Mais mulheres deveriam reivindicar essa palavra. O melhor exemplo de feminista que conheço é o meu irmão Kene, que também é um jovem legal, bonito e muito másculo.

A MEU VER,

FEMINISTA É O HOMEM OU A MULHER

QUE DIZ: "SIM, EXISTE UM PROBLEMA DE GÊNERO AINDA HOJE E TEMOS QUE RESOLVÊ-LO, TEMOS QUE MELHORAR". TODOS NÓS, MULHERES E HOMENS, TEMOS QUE MELHORAR.

Afinal, como sermos todos feministas?

por Maitê Freitas

Dias antes de receber o convite para colaborar com esta edição infantojuvenil de *Sejamos todos feministas*, me vi pensando nos caminhos que percorri para me tornar uma mulher negra feminista. Não precisei ir muito longe, tampouco buscar referências distantes. Desde a primeira infância, fui criada para ser uma mulher feminista. Talvez, na época, minha mãe e meu pai não imaginassem isso, mas ser cuidada pelas mulheres da Casa da Mulher do Grajaú foi um ponto importante na minha trajetória.

Acompanhar minha mãe em seu trabalho e conversar com as faxineiras da escola em que ela lecionava, observar minhas tias cozinhando, ser cuidada por minhas primas mais velhas, e o mais importante: crescer em uma casa na qual meu pai e minha mãe buscavam estabelecer relações de igualdade na divisão das tarefas. Esses exemplos foram fundamentais para eu me tornar uma mulher negra feminista.

Quando li o texto de *Sejamos todos feministas* pela primeira vez, eu pensei: "Uau! É isso! Todos precisam ler este livro". A minha vontade foi de comprar dezenas de exemplares e distribuir para os meus amigos, espalhar em vias públicas... Fazer com que as palavras de Chimamanda circulassem por aí. Não foi possível.

Ser feminista não é um papel apenas das mulheres, mas é um compromisso que todos (incluindo os homens de todas as idades) podem assumir para si, e por isso Chimamanda nos convida a estarmos alertas, atentos e dispostos a reorganizar as relações do cotidiano.

Certa vez, em um trabalho com jovens do ensino médio, propus uma atividade sobre feminismo e protagonismo das mulheres negras. Depois da atividade, um adolescente veio aos prantos me perguntar: "Como eu faço para não ser machista? Eu não quero mais ser machista". Diante daquele apelo sincero, o que eu poderia dizer?

Eu nunca havia sido abordada por alguém do sexo masculino que se assumisse machista e que compreendesse o tamanho da violência que o patriarcado causa na sociedade e nas psiques (masculinas e femininas). Eu o abracei e disse: "Comece servindo o jantar para a sua mãe e a ajudando nas tarefas de casa". Ele me olhou mais calmo e falou: "Minha mãe sempre serviu meu prato de comida, e nunca percebi que eu estava sendo machista com isso".

Ser feminista é a possibilidade de dar à mulher — e ao homem

— o espaço à escolha e à fala, e garantir a nós, mulheres, o direito de liberdade para ir e vir. O feminismo, como nos lembra Chimamanda, não é uma prática de ódio aos homens nem de falta de afeto ou de vaidade feminina: é uma prática de cuidado com todos os seres, sem distinção de gênero ou sexo. Assim, Chimamanda nos convida a ser feministas nas práticas do dia a dia, estabelecendo novos sentidos às relações, seja no trabalho ou com as pessoas que amamos. Vale lembrar que o Brasil é um dos países onde a desigualdade entre homens e mulheres é mais gritante. Se formos analisar os dados de desigualdade entre homens não negros e mulheres negras, então, é maior ainda.

O machismo mata. Mulheres são agredidas e assediadas moralmente, psicologicamente e fisicamente apenas porque são mulheres. De acordo com a ONU, a cada hora, seis mulheres morrem vítimas do feminicídio em algum lugar do mundo. As mulheres negras brasileiras e africanas estão nas piores condições de vulnerabilidade. Entre mim e Chimamanda há um Atlântico que nos separa, mas há uma luta contra o machismo que nos aproxima. Só na última década, doze mulheres foram assassinadas por dia no Brasil, das quais as mulheres negras são a maioria das vítimas.

Se queremos construir um mundo melhor, precisamos, SIM, ser todos feministas!

ATIVIDADE

Há alguns anos eu colaboro com um coletivo feminista chamado "Movimento Atreva-se", que faz intervenções em escolas com alunos e professores. Uma das atividades que costumamos propor é "Nomear para combater o machismo".

A atividade é simples e eficaz. A seguir, você encontra uma versão simplificada, com as regras fundamentais para que a atividade aconteça e revolucione o seu olhar para o machismo, adotando práticas e uma postura feminista.

Material necessário: papel, caneta, régua (ou tesoura) e saquinhos (ou envelopes).

1) Com todas e todos os participantes, escreva em um papel uma lista de palavras que expressem **fatos** (por exemplo: assédio, gravidez, namoro), **lugares** (por exemplo: fila, escola, academia etc.) e **personagens** (por exemplo: médico, pai, tio, primo).

2) Corte cada uma das palavras listadas e separe em três envelopes: fato, lugar e personagem.

3) Divida a turma em pequenos grupos e peça a cada grupo que retire três palavras, uma de cada envelope.

4) Usando as palavras sorteadas, cada grupo terá que criar uma história que retrate uma situação machista e compartilhar com todos da turma.

5) Depois que todos os grupos contarem as histórias, a turma volta para os envelopes e pode decidir se trocam duas palavras para construir uma nova história, desta vez uma que combata o machismo revelado na história anterior.

A atividade não tem vencedora ou vencedor. "Nomear para combater o machismo" é um início, um disparador para encararmos as práticas e os comportamentos. Não tem fórmula ou solução. Faça a atividade para se incomodar e sair mudando tudo de lugar.

GLOSSÁRIO

ALITERATIVO: repetição de consoantes iguais ou parecidas.

AUTORREALIZAÇÃO: possibilidade de escolher o que se quer ser de forma livre, sem o dever de agradar aos padrões estabelecidos pela sociedade.

EMASCULAÇÃO: no contexto da ciência, é o ato que inutiliza o órgão sexual masculino.

EQUIPARAÇÃO SALARIAL: tornar os salários iguais — entre homens e mulheres, brancos e negros.

IDEIAS DE GÊNERO/ EXPECTATIVAS DE GÊNERO: construções culturais que determinam os papéis entre homens e mulheres, o que homens e mulheres supostamente devem fazer ou como devem se comportar apenas por serem homens ou mulheres.

IGBO: a pronúncia é "Ibo". Um dos maiores grupos étnicos do continente africano, com língua e costumes próprios.

INTERNALIZAR: assimilar, colocar para dentro de nós mesmos determinadas práticas e ideias, além de valores.

PARADIGMA: aquilo que é o modelo, o padrão.

PREDECESSOR: que ou quem veio antes.

PREMISSA: ponto ou ideia de partida.

PROGRESSISTA: que ou quem caminha em direção ao progresso, ao desenvolvimento.

QUESTÃO DE GÊNERO: são os pensamentos sobre o que define tornar-se homem ou mulher. A questão de gênero nos faz pensar sobre os papéis, a atuação social, cultural e política, além da liberdade que exercemos sobre o nosso corpo.

RACIONALMENTE X EMOCIONALMENTE: ao longo dos séculos, acreditou-se que a razão (pensamento) e a emoção (sentimento) fossem rivais. Mas, na verdade, um não existe sem o outro — afinal, ambos possibilitam o equilíbrio para que possamos expressar a nossa humanidade.

SER SEXUAL/ SEXUALIDADE: é a forma como experimentamos ou construímos as relações de carinho e atração pelo nosso corpo e o dos outros.

SISTEMA DE OPRESSÃO: estrutura dura, enrijecida, que pode diminuir, excluir, tornar invisível e/ou violentar alguém ou um grupo de pessoas.

SOCIALIZAÇÃO: hábitos, práticas e rotinas coletivas de uma sociedade.

STATU QUO: o "estado das coisas", ou seja, as relações que estruturam e mantêm os padrões na sociedade.

SUBORDINAÇÃO: ato de tirar a liberdade de escolha de alguém. Apagar o brilho próprio de uma pessoa.

TESTOSTERONA: hormônio que todos temos, mas que os homens produzem em maior quantidade.

CHIMAMANDA NGOZI ADICHIE

nasceu em 1977 na Nigéria, África. Aos dezenove anos, ganhou uma bolsa para estudar comunicação e ciências políticas na Filadélfia, Estados Unidos. Mais tarde, especializou-se em escrita criativa na Universidade Johns Hopkins, em Baltimore, também nos Estados Unidos. Atualmente, divide seu tempo entre os Estados Unidos e a Nigéria.

Chimamanda escreveu três romances — *Hibisco roxo*, *Meio sol amarelo* e *Americanah* —, que são amados por milhares de pessoas em vários países, e pelos quais ela ganhou muitos prêmios. Também publicou uma coletânea de contos chamada *No seu pescoço*, e outros dois manifestos, *Para educar crianças feministas* e *O perigo de uma história única*, além deste que você acabou de ler.

Além de ser uma excelente escritora e um exemplo para toda uma geração, Chimamanda se tornou a voz do feminismo e uma defensora da igualdade e dos direitos humanos em todo o mundo.

MAITÊ FREITAS é mãe da Ilundy Airá. Mulher negra feminista, jornalista, doutoranda e mestra em estudos culturais, trabalha documentando e possibilitando que histórias de mulheres negras sejam contadas, preservadas e espalhadas pelo mundo.

AJU PARAGUASSU é baiana, ativista e mensageira visual, nascida na Chapada Diamantina e criada em Salvador, onde vive há vinte anos. Formada em design pela Escola de Belas Artes da UFBA, há nove anos é diretora de arte e fundadora da Moringa Estúdio. Transita entre muitas experimentações, buscando o equilíbrio entre a sua poética e o seu propósito.

FSC
www.fsc.org
MISTO
Papel produzido a partir de fontes responsáveis
FSC® C011188

A marca FSC® é a garantia de que a madeira utilizada na fabricação do papel deste livro provém de florestas que foram gerenciadas de maneira ambientalmente correta, socialmente justa e economicamente viável, além de outras fontes de origem controlada.

Esta obra foi composta em Mollen e impressa pela Gráfica Santa Marta em ofsete sobre papel Alta Alvura da Suzano S.A. para a Editora Schwarcz em abril de 2022